BANQUEROUTE

DU GOUVERNEMENT

ESPAGNOL.

Une des choses les plus étonnantes aux yeux de l'observateur, dans ce siècle si éminemment positif où tout est apprécié à sa juste valeur, c'est l'aveuglement du public et des capitalistes français sur les opérations financières du gouvernement espagnol. Le peuple le plus clairvoyant de l'Europe paraît se plaire à fermer les yeux, pour ne pas voir les menées mystérieuses et les fourberies des agens de cette puissance. Sans aucun crédit dans son propre sein, elle ajoute tous les jours au-dehors, et particulièrement en France, de nouvelles victimes à celles qu'elle ne cesse de faire depuis plus de quarante ans, par les placemens successifs qu'elle parvient à effectuer de valeurs imaginaires. Tout en déplorant les suites funestes et très-prochaines de cette audacieuse déception, on ne peut s'empêcher d'admirer l'habileté avec laquelle des hommes, dont la médiocrité apparente a caché les manœuvres perfides, ont réussi à inspirer une confiance qui, soumise au plus léger examen, n'eût offert pour base qu'une série non interrompue d'actes de mauvaise foi. Le mal opéré est déjà bien grand ; essayons, avant qu'il s'aggrave encore, d'y remédier, en exposant les moyens que le digne représentant de la bonne foi espagnole, M. Aguado, a employés pour parvenir au but qu'il avait été chargé d'atteindre.

Un fait constant, dont quelques chiffres démontreront l'évidence, existe depuis long-temps. Le gouvernement espagnol est dans l'impossibilité absolue de payer ce qu'il doit. Sa dette, antérieure à l'émission des *vales* ou billets royaux, est de six milliards de réaux. Il est inutile d'en examiner l'origine, puisqu'elle est destinée à subir le même sort que celle qui, en France, était représentée par les assignats. Ne portons donc en ligne de compte que la dette qui date de la première émission de *vales*.

Total des *vales* ou billets royaux avec les intérêts.	2,400,000,000
OEuvres pies.	2,150,000,000
Reliquat des emprunts Saavedra et Soler.	200,000,000
Dû à la banque de Saint-Charles	300,000,000
Id. aux Grémios.	240,000,000
Id. à la compagnie des Philippines.	160,000,000
Emprunts de 1820, 1821, 1822, et dette de Hollande.	2,200,000,000
Total.	7,650,000,000

Report.	7,650,000,000
Reçu de la France pour compte des sujets espagnols.	200,000,000
Id. de l'Angleterre.	5o,000,000
Emprunt Guébard.	3oo,000,000
Création de rentes perpétuelles.	800,000,000
Arrérages depuis vingt ans des rentes viagères, garanties par la formule ordinaire de parole royale et assignées sur la ferme du tabac.	600,000,000
Dette envers la France.	4oo,000,000
Réaux de vellon. . . .	10,000,000,000

Il est positif que la totalité des revenus du gouvernement espagnol ne suffirait pas pour payer intégralement les intérêts de cette dette, aussi ne s'en occupe-t-il en aucune façon. Forcé à des dépenses continuelles pour comprimer des insurrections qui menacent son existence, il ne peut et ne doit naturellement songer qu'à éviter une guerre civile toujours sur le point d'éclater. Il ne lui est pas possible de distraire de cet objet, uniquement essentiel pour lui, la plus légère portion de ses revenus pour l'appliquer aux intérêts de cette dette énorme.

Nous ne nous étendrons pas sur les embarras provenant d'un état politique dont le remède devient tous les jours de plus en plus impossible. Nous nous bornerons à exposer sa situation financière qui est en même temps cause et effet, puisqu'elle s'oppose à une amélioration future qu'elle éloigne incessamment.

Les revenus de l'Espagne, calculés au *maximum*, peuvent être de 5oo millions de réaux. Ses dépenses actuelles absorbent le double de cette somme, et la dépassent peut-être à cause des intrigues coûteuses qu'elle entretient en Portugal, et des mouvemens continuels d'insurrection qui agitent l'intérieur du royaume. Le déficit annuel est donc aussi fort que la totalité des revenus. Il faut ajouter à ce déficit réel les intérêts de la dette qui ne sont pas payés et qui ne le peuvent être, car en supposant à ce gouvernement une volonté qu'il est loin d'avoir, il est dans l'impossibilité de satisfaire à cette obligation. Il devrait chercher au-dehors les moyens nécessaires, car il ne trouverait pas en Espagne un seul de ses sujets qui ne fût fermement convaincu que tout prêt fait à son gouvernement entraîne irrémissiblement la perte du capital et des intérêts. C'est de père en fils que les Espagnols savent que jamais une promesse faite par le gouvernement n'a été tenue : aussi se sont-ils bien gardés, sous aucun régime, de s'exposer à sa mauvaise foi. Ils ont laissé aux étrangers le coûteux honneur de soutenir le crédit de leur pays.

La France et l'Angleterre sont toujours parvenues, après de nombreuses vicissitudes, à couvrir avec une partie de leurs revenus les intérêts de leur dette et son amortissement. En Espagne, le déficit, que nous appellerons nouveau, puisque depuis long-temps, dans ce pays, l'ancien n'était noté que pour mémoire, date de 1790. Nous défions qu'on indique une seule année, depuis cette époque, où les recettes aient égalé les dépenses, et qu'il ait été fait un remboursement, sans qu'il ait été contracté au préalable une dette plus forte. La caisse d'amortissement de ce royaume est une pure charlatanerie ; c'est un coffre de plus, avec cette étiquette, qui n'empêche pas qu'il n'y soit puisé comme dans les autres.

Les intérêts de la dette de France n'absorbent que le cinquième à peu près de ses revenus. L'intérêt de la dette d'Espagne serait à peine couvert par la totalité des siens ; or, et quand même on supposerait à ce gouvernement une bonne foi qu'il n'a pas, est-il présumable qu'il affecte entièrement à cet objet les sommes qui sont loin de suffire à la moitié de ses besoins les plus urgens ? Il y a donc impossibilité matérielle.

Les faits que nous signalons, étant incontestables et incontestés, expliquent le motif qui a porté le gouvernement espagnol à faire payer jusqu'à présent les intérêts et l'amortissement de l'emprunt Guébard.

Etablissons préalablement des faits connus qui seront en même temps une observation importante.

Les agens du gouvernement espagnol, et particulièrement M. A. Aguado qui en est la pensée intime, en matière d'emprunts, ont mis en usage tous les moyens imaginables pour placer des valeurs en rentes perpétuelles. Ce digne exécuteur des loyales conceptions du ministère des finances de Madrid, qu'il dirige si fructueusement pour lui, de son comptoir de Paris, essaya, mais en vain, de négocier des *vales* ou billets royaux, pompeusement annoncés par des journaux payés, et dont les prospectus furent bénévolement colportés par des agens de change qui, dans cette occasion, donnèrent une preuve négative de leur sagacité. On proposa une conversion de l'emprunt Guébard en rentes perpétuelles. Les calculs de ce projet étaient si palpablement faux, qu'ils auraient fini par faire traiter leur auteur de fripon ou d'imbécile. On renonça à ce premier plan. Mais M. Aguado, alléché par des succès précédens, ne se tint pas pour battu, et, fondant sur la légèreté confiante des capitalistes français l'espoir d'augmenter considérablement une fortune bâtie sur leur imprévoyance, il ne renonça pas à placer des rentes perpétuelles, en offrant d'en payer les intérêts avant l'échéance, et même en les escomptant avant le commencement du semestre. Ce piége était grossier, mais il a réussi en partie, et certes il y a quelque lieu d'en être surpris. Aidé de la maison Fould, ce banquier improvisé, riche de la ruine de milliers de Français, a trouvé à placer en Hollande des sommes considérables en rentes perpétuelles. C'est par ce moyen que les valeurs remboursées de l'emprunt Guébard sont remplacées avec excès par des rentes perpétuelles, et c'est par cet odieux manége, qui ne fait que retarder une catastrophe générale et prochaine, que des Français et des Hollandais fournissent l'argent qu'on suppose venir d'Espagne. Cette manœuvre, que nous n'hésitons pas à déclarer coupable, durera-t-elle long-temps? Ou n'aura-t-elle de terme que lorsque la ruine de tous les porteurs de valeurs espagnoles ne leur laissera que le stérile regret de leur imprévoyance, et l'honneur de se voir couchés comme créanciers, dans les archives de la mauvaise foi du gouvernement espagnol?

Mais le gouvernement espagnol et son astucieux agent, M. Aguado, ont d'autres espérances encore. Ils comptent sur l'indifférence que les agens de change mettent à s'informer de la véritable situation financière de l'Espagne. Leurs précédens succès et la propension habituelle de ces Messieurs à porter les fonds de leurs cliens sur les valeurs qui offrent momentanément le plus fort intérêt, parce qu'ils savent que c'est là un appât qui en facilite la collocation, leur font espérer, et malheureusement avec quelque probabilité, qu'ils obtiendront la coopération de ces agens de change inconsidérés, qui, sans se donner la peine de chercher à connaître le tripotage de M. A. Aguado, contribuent à entretenir leurs cliens dans une fatale erreur sur la source où sont puisés les fonds qui servent à payer les intérêts et l'amortissement de l'emprunt Gué-bard. Le placement des rentes perpétuelles servira à couvrir les débours que cette opération exige.

Mais ce revirement aura un terme, et le moment n'est pas éloigné. Alors, on annoncera que les intérêts et l'amortissement seront payés à Madrid, ce qui voudra dire qu'ils ne le seront pas du tout. M. A. Aguado ne manquera pas de plaindre, avec un doucereux patelinage, le sort des véritables intéressés; il feindra de faire les plus vives démarches, bien infructueuses à son grand regret, dira-t-il, auprès du gouvernement espagnol. Mais cette sensibilité de commande ne rendra pas aux capitalistes français un centime des millions perdus sans ressource. M. Aguado sait très-bien que ce résultat est prochain : il le savait lorsqu'il a commencé, avec le commissaire espagnol, les opérations auxquelles il doit une fortune si colossale, faite en si peu de temps : mieux que personne il était instruit, alors, que l'Espagne était en état de faillite, et que le funeste crédit de cette puissance n'a été soutenu sur la place de Paris, et ne s'y soutient encore, que par des manœuvres que les lois punissent en tout pays. Gorgé de l'or des victimes qu'il aura faites, il pourra ajouter aux jouissances d'une opulence inespérée, celle de rire aux dépens des capitalistes inconsidérés dont il a surpris la confiance.

Il est plus que temps de rompre le fil de ces opérations désastreuses pour la place de Paris, déjà encombrée de tant de valeurs espagnoles, dont quelques-unes ne représentent plus en capital une année d'intérêts. Il est temps de soustraire la Bourse aux combinaisons pernicieuses des agens d'un gouvernement sans foi, dont ils avaient le secret, et qu'ils ont aidé avec une déplorable efficacité.

En admettant l'hypothèse la plus favorable au crédit de l'Espagne, qui serait l'établissement d'un gouvernement où la légalité remplaçât l'arbitraire (on sait assez combien cette hypothèse est peu probable, ou au moins combien elle est éloignée), il n'en résulterait pas de meilleures chances pour l'emprunt Guébard; car l'équité, si jamais elle devient la règle de ce gouvernement, ne lui permettra pas d'établir une préférence entre ses créanciers. Il devra nécessairement en venir à une banqueroute qu'on pourra appeler totale, puisqu'il ne pourra jamais payer la plus légère partie de sa dette.

On est saisi d'indignation contre les agens financiers de l'Espagne, et l'on est en droit de leur demander compte de la fortune qu'ils étalent à nos yeux, quand on voit avec quelle impudence ils affirment et font affirmer par des journaux qu'ils paient, que le crédit d'Espagne est aussi inébranlable que ses ressources sont inépuisables. Qu'on lise la traduction fidèle de la décision prise le 18 mars dernier, par la Junte ou commission spéciale des finances de Madrid. M. Aguado, qui la connaît bien, osera-t-il affirmer que c'est d'Espagne qu'il tire les fonds avec lesquels il a payé jusqu'à présent les intérêts de l'emprunt Guébard? Osera-t-il nier que ce n'est qu'en faisant de nouvelles dupes, auxquelles il vend sous différens noms des effets qu'il sait bien ne devoir être jamais payés, qu'il a pu suffire au paiement de ces intérêts?

Voici comment est conçue cette décision :

« La Junte de distribution des finances, après » avoir pris des mesures pour faire face aux dé- » penses *les plus urgentes* de l'Etat, telle que le » prêt et la solde des troupes en activité, *et les* » *secours aux réfugiés portugais ;* après avoir pris » connaissance des états qui lui ont été soumis » depuis son installation, relativement aux recou- » vremens et aux distributions ; après s'être con- » vaincue de *l'impossibilité* de faire face à toutes » les autres obligations, attendu que les fonds » qu'il faudrait y consacrer *sont beaucoup plus* » *considérables* que les rentrées à faire ; pénétrée » du désir que Sa Majesté a de secourir autant que » possible toutes les autres classes qui sont à la » charge de l'Etat, sans qu'aucune soit négligée ; » la Junte, en attendant les renseignemens indis- » pensables qu'elle a demandés dans les provinces, » a décidé qu'on observerait les règles suivantes.

» Tous les employés en activité dans les bu- » reaux des ministres ; ceux des établissemens et » des bureaux de la cour, les employés civils et » militaires, les capitaines-généraux, les comman- » dans-généraux, les états-majors des places, les » généraux en disponibilité, les employés chargés » du recouvrement et de la distribution des finan- » ces dans les provinces, *toucheront un mois de*

» *solde à compte sur ce qui leur est dû.* Le produit
» du papier timbré sera affecté, comme par le
» passé, aux traitemens des juges des Cours de
» justice.

» Les fournisseurs des vivres et ceux des hôpi-
» taux seront payés le plus exactement possible,
» afin que les fournitures n'éprouvent point d'in-
» terruption. Toutes les autres classes militaires et
» civiles qui ne sont pas en activité, recevront le
» tiers de leur traitement mensuel : les veuves des
» employés civils et militaires recevront la moitié
» de leur pension, qui sera payée avec les fonds
» destinés à cet effet. Signé par MM. *Remisa*, *Quin-*
» *tana*, *Carranza*, *Valladolid*, *Gongora* et *Mar-*
» *tinez.* »

Après la lecture de ce document officiel, peut-il
rester le moindre doute à l'homme le plus disposé
à se laisser séduire par les pompeuses promesses
des agens financiers de l'Espagne à l'étranger, que
ce gouvernement est dans un état absolu de faillite ? Où sont les ressources avec lesquelles il pourra
combler un abîme qu'il agrandit lui-même tous
les jours par des fautes de toute espèce que nous
n'énumérerons pas, car nous ne voulons pas entrer
dans le domaine de la politique ? Qui aura l'aveuglement de placer des capitaux sur de tels gages ?
Encore quelques mois, tout au plus, d'opérations
obtenues à Paris et en Hollande, par les manœuvres de M. A. Aguado, et l'emprunt Guébard ira
prendre sa place auprès de ceux précédemment

faits, et mourra comme les assignats, entre les mains des porteurs qu'il a trompés indignement. Les victimes immédiates seront les crédules acheteurs de la prétendue rente perpétuelle.

Les agens de change qui facilitent ces négociations, se rendent-ils bien compte de la responsabilité morale qui pèse sur eux? Leurs cliens ne seront-ils pas en droit, au jour de la débâcle, de leur reprocher leur légèreté, lorsque les moindres informations sur l'état financier du gouvernement espagnol leur eussent démontré jusqu'à l'évidence son insolvabilité? Le malheur est déjà bien grand et il est sans remède; mais pourquoi l'augmenter en faisant de nouvelles victimes?

Lorsqu'un manufacturier se voit contraint de recourir à un emprunt extraordinaire, pour soutenir un établissement qui offre toute espèce de garantie, nous voyons ces mêmes agens de change, si confians à l'égard d'un gouvernement étranger qui n'a jamais rien payé, et auquel ses propres sujets n'ont dans aucun temps voulu prêter un seul écu; nous les voyons, disons-nous, exiger triple et quadruple sûreté, et souvent refuser leur intervention, et ici ils se contentent des paroles dorées d'un homme qui doit bien s'applaudir d'avoir réussi, avec si peu de peine, à fasciner les yeux de tant de personnes dont la profession spéciale est d'apprécier la solidité des garanties. Pas une d'entre elles n'a encore fait une réflexion bien simple. La France a toujours trouvé du crédit dans son propre

sein : les Anglais sont, presque dans tous les cas, le
uniques preneurs des effets de leur gouvernement.
En Espagne, pareille chose n'est jamais arrivée.
C'est au-dehors que cette puissance a constam-
ment fait des emprunts qu'elle n'a jamais payés, et
dont les intérêts vainement réclamés ont été capi-
talisés, quand elle a daigné avoir égard aux récla-
mations. L'Angleterre a quelquefois été dupe des
emprunts espagnols, mais elle a sagement mis un
terme à ses illusions. Les agens de change de la
Bourse de Londres se gardent bien de compro-
mettre leur réputation, en colportant les valeurs
de ce gouvernement. Ce n'est pas sur cette place
que M. Aguado ira établir son quartier-général.
Moins complaisans, et surtout moins dupes que
nous, les Anglais ne souffriraient pas qu'un étranger vînt s'impatroniser dans leur Bourse, et l'on ne
l'y verrait pas entouré d'agens bénévoles, qui le
traitent avec le respect dû au représentant financier d'une puissance qui n'aurait jamais retardé
d'un seul moment le paiement des intérêts de toutes ses dettes.

Combien de temps encore serons-nous témoins
de ce scandale, et pourquoi les portes de la Bourse
de Paris ne seraient-elles pas fermées à un agent
qui est, aux dépens des Français, le complice du
gouvernement espagnol? Les agens de change de
Paris sont-ils moins jaloux de leur honneur que
ceux de Londres?

Les rédacteurs de *la Quotidienne*, qui ne trou-

vent qu'à louer dans toutes les opérations financières et politiques du gouvernement espagnol,
ont une belle occasion de lui témoigner leur ad-
miration; qu'ils ouvrent parmi leurs abonnés une
souscription pour prêter à l'Espagne de quoi payer
ses dettes, et faire les grandes expéditions dont le
succès lui paraît si certain. M. A. Aguado est là
avec les rentes perpétuelles, il n'en sera pas avare.
Les presses de Madrid et celles de Paris, s'il le faut,
travailleront nuit et jour pour confectionner des
vales et des coupons. Tant que la vente ira, les intérêts seront payés, et quand les fonds des prêteurs
seront épuisés, la pièce sera finie, le rideau tombera,
et quelques centaines de millions de plus iront
s'inscrire sur le grand livre espagnol, pour mémoire.

Mais cessons de plaisanter sur une matière aussi
grave. M. A. Aguado annonce avoir entre les mains
des fonds pour le paiement des intérêts et de l'a-
mortissement de l'emprunt Guébard et des rentes
perpétuelles. Toute préférence étant interdite dans
le paiement des dettes d'un failli, et le gouvernement espagnol étant évidemment en état de
faillite, tout créancier de ce gouvernement, n'im-
porte à quel titre, a le droit de mettre opposition
entre les mains de cet agent de l'Espagne. Il le doit,
et les tribunaux français ne peuvent lui refuser
leur appui.

RÉSUMONS.

Le gouvernement espagnol, ne pouvant trouver à placer parmi ses sujets aucune de ses valeurs, a réussi par des moyens, que nous ne voulons pas qualifier, à en placer une grande partie en France et en Hollande. Les agens de change qui se sont inconsidérément prêtés à ce manége, ont été de bonne foi sans doute, mais ils n'en ont pas moins trompé ceux auxquels ils ont vendu ces valeurs, puisqu'ils pouvaient connaître l'état d'insolvabilité de l'Espagne. C'est M. A. Aguado qui a dirigé cette opération, et il est responsable en toute justice des torts qui vont en résulter, et qui l'ont prodigieusement enrichi aux dépens des Français.

Quant aux agens de change, il est difficile de les excuser de ne pas s'être assurés de l'existence réelle des garanties des valeurs espagnoles dont ils ont facilité la négociation. Ils devaient tout au moins ne pas ignorer que, depuis 1790, le gouvernement espagnol, soit par le non paiement de ses engagemens généraux, soit par le protêt des lettres de change dont ont retenti tous les tribunaux de l'Europe, était en état de banqueroute déclarée. Ces faits étant connus, des agens ne pourraient-ils pas être rendus responsables des pertes qu'éprouveront les porteurs des valeurs espagnoles qu'ils ont négociées? Admettons que la majeure partie d'entre eux ne soit que répréhensible. M. A. Aguado ne peut échapper au recours de responsabilité, et elle peut être exercée contre lui avec toute justice.

Mais il sera malheureusement impossible de couvrir des pertes si énormes. Plusieurs familles seront ruinées. Heureux encore les Français, si ce nouvel exemple les garantit pour l'avenir des piéges d'un gouvernement qui depuis si long-temps se fait, en matière de finances, un jeu de la bonne foi et des lois!

IMPRIMERIE DE J. TASTU,
Rue de Vangirard, n. 36.